다만, 캄캄해지는

다만, 캄캄해지는

양윤정 시집

시인의 말

언어는 사라지고
기호가 난무하던 시기에
주변 지인 여럿이
여백 속으로 떠났습니다.

살아남아
지켜본 자의 몫은,
기억과 추억으로
빛과 뿌리나 물길로
같이 흐를 것이므로

이제야,
그늘진 비늘 한 꺼풀 올리고
마음의 빚, 건져 보냅니다.

고맙습니다.

양윤정

차 례

● 시인의 말

제1부 두 번 오지 않는 사건

개기일식에 사라진 나는 ——— 14

나무가 된 사람 ——— 15

비린 태양이 뜨면 ——— 16

날것 1 ——— 18

나의 필사 ——— 20

뚜벅뚜벅 피어나는 꽃 ——— 21

숲으로 난 길 ——— 22

무심천 ——— 24

태백선 1 ——— 26

소금 달을 훔친 여자 ——— 28

블랙 문 ——— 29

주천강 ——— 30

제2부 붉게 번지던 소문

가물가물 ——— 34
한밤의 물방울 ——— 36
베로니카의 진주 ——— 38
태백선 2 ——— 40
수국 ——— 42
고해소 ——— 44
바다극장 ——— 46
날마다 물을 주어도 ——— 47
검은 말 ——— 50
상처는 아물지 않는다 ——— 51
장미를 먹는 일 ——— 52
날것 2 ——— 54
바다가 끓인 안주 ——— 56
숲과 공원과 밤 ——— 58
왼쪽 어깨의 기록 ——— 60

제3부 그대에게 닿을 때까지

협곡 2 ──── 62
풍경 ──── 64
여백 ──── 65
헤매는 정어리 ──── 66
풍혈대 ──── 68
적토의 나라 ──── 70
뭐라도 할 수 있나 ──── 72
왜가리 ──── 74
도라지 ──── 76
빈손 ──── 77
명치에 고이는 물 ──── 78
비 내리는 연극 ──── 80
그는 달을 굴린다 ──── 82
연꽃마을 ──── 83
시든 혀 ──── 84
물속의 둥근 집 ──── 86

제4부 조용히 돌아서는 일

불화不和 ——— 90
해 지는 바다 ——— 92
등 뒤에 놓은 얼룩 ——— 93
詩 짓는 여자 ——— 94
바다를 묻은 도시 ——— 96
천년염정 ——— 98
협곡 1 ——— 100
직녀의 뜰 ——— 102
틈 ——— 103
빨래를 널다, 문득 ——— 104
입파도 가는 길 ——— 106
달맞이 ——— 108
미로찾기 ——— 109
살구씨 오일 함유 ——— 110
녹슨 못 ——— 112
주소 ——— 114

▨ 양윤정의 시세계 | 박찬일 ——— 117

다만, 캄캄해지는

제1부
두 번 오지 않는 사건

개기일식에 사라진 나는

    지나는 바람에도—문을 향해 짖는, 강아지 껌을 사러 나갔다—정수리에서 분수로 퍼지는 한낮—골목에서 필름으로 태양을 보다—인화된 아이들이 소리 지른다—달이 태양을 먹는 거래

    그래, 나를 간직하려던 당신이 심장을 꺼내 들고 소리 질렀지—거부당한, 붉은 눈으로—사라지지 않고 다만 캄캄해지는 그대—저 달의 눈물에

    아니, 태양을 삼키면서 까맣게 타버리는 달에게—그대와 나도 모르게—어둠을 컹컹 짖으며 보내는 일은—생애 두 번 오지 않는 사건이다—아무렇지 않게 다시 길을 가는—그러고도 무사한 듯 새로운 달을 잉태하는

나무가 된 사람

손가락 관절마다 둥지 튼 옹이
바지에 송진 얼룩

나무 한 겹 열리면―새 소리의 푸른 오선지―또 한 겹, 밀고 가는 끌―피어나는 들꽃―작은 새가 나타나곤 했지―그 등에는 축축한 습기가 스미곤 했지―굵어지는 땀방울―수묵화처럼 선선하게 번져 갔지―소금기 어린, 그림과 활자들 삼키며―내 몸은 자라났지

반짝이는 이름을 쫓아 떠돌다
떠난 곳에 다다랐지
거칠고 푸석한 뿌리 몇
돋아난 손가락
풀물이 든, 깨진 손톱
푸르고 붉은 뿌리들

달이 들고, 바람 노래, 차오르는
숲은 여전히 신선하지

비린 태양이 뜨면

사막을 키우는 누구나
정수리에 꽃 한 송이씩 피우고
무럭무럭 뜨거운 모래를 쏟아요

지도 잃은 자들
발목을 전갈에게 내어주고
하늘 문짝 등에 메고
종종 떠나요

푸른 가시들이
태양을 사각사각 베어 물다
입가에 흘려요

자기를 찌르고라도
피고 싶어서
비화옥철화*를 키워요

밤이면 차오르는 오아시스

아른아른 모래길 열고

성난, 가시 삼킨

비린 태양이 낙화

하여, 붉게 피어나

* 선인장 이름.

날것 1

바다는
닳도록 뒤척인다

물새가 파도 같고
파도는 포구 옷자락
소주병 속에 드러누운
드센 여자 같아서

태양이 엉덩이를
수평선에 붉게 내려놓을 때
눈 부릅뜨고
포구 곳곳을 삼켰어

파도 한 점
칼맛 서너 점

오려져 나간
자궁 떠 올리지 않았어

검은 항구에서는
울컥울컥 쏟아지던 핏덩어리도
그 이상 비리지도, 시리지도

날것을 잃고 나면
더 날것이고, 싶어

나의 필사

갈 곳을 놓치고
마주친 처마에서
어스름 내리는 저녁과 밤 사이를
온몸 던져 이으려는

어둑해질수록
처마와 하늘에 놓아보는
그물은 촘촘한 미로

구름과 새 떼가 살피다 지나가고
파열되며 번지는 핏빛 노을

누군가
하늘 향해 흘린 눈물
문득 뺨에 닿아
흘러내린다

어느 하나 만만치 않아
틈을 찾는, 그 골똘한 궁리

뚜벅뚜벅 피어나는 꽃

낮이어도 밤 같은 통로
몰리고 밀린다

불빛 그늘 어둑한 사이
두리번거리며 낯설어진다

벽과 기둥 사이에서
피어나 걸어가는 냄새

초로의 사내 뒷덜미에는
구릿빛 태양이 주름져 있어
밭이랑과—숲—굽이친다

그 어깨에서
술렁이는 해바라기

사내를 돌돌 말아 피우는
원마다 벙글거리는 꽃다발

숲으로 난 길

길을 보려 하자
숲은 이미 나를 속속 읽고
뱀이 타고 오른
나무 계단을 보여 주었네

한 잎 한 잎 올라
무성해진 숲에서
바람 소리 물소리가 술렁였네

서로의 등을 바라보며
앞모습을 그리워했네
닮아버린 잎사귀들

하늘을 헤집던 나무는
밤새 어느 곳을
떠돌다 푸른 빛을 다하고
돌아왔을까

부대끼며 포개지며
아득해지는 것이었네.
온 곳으로 되돌아가는
길을 잃었네

무심천

눈을 뜨고 비를 맞는
나무에게 기댔네,

수천 개의 빗방울을
이고 지고 다닌 길

등에 새긴
첩첩 두터운 무게
못 견디고 열리어, 닫히지 못하는
깊은 심천

가만가만 수 놓듯
가라앉은 푸른 농담들이
거친 수피로 쌓인
나무의 눈곱을 떼어 주었네

옆을 지날 때마다
나무는 말했네

입술엔 이끼 덮이기 시작했네

태백선 1

뱀이 알을 놓는 밤
화끈화끈 등줄기에 칡꽃 열리고

장에 나가, 오지 않는
개구리처럼 울지 마세요

검은 강물이 검은 동굴이
제 뼈에도 새겨졌다고
얼룩지는 아버지

구름처럼 사라졌다고
칡으로 엉켜 울지 마세요

산허리 길
칙칙 엎드리는 열차

소년의 무릎
유골 상자가 비스듬히 열리고

아버지 손금을 읽던
까만 별들 쏟아지고

칡꽃 안에
축축한 어둠 내리고
스륵스륵 뱀들이 허물 벗는 밤

소금 달을 훔친 여자

기억들
까무룩 잃어버리는
가야 할 길 찾지 못하는
그저 타오르며 자라난
지나온 매듭도 풀린
세월 흐른 뒤에, 네 등에 기대어 쏟아 놓을까
적요로 채워진 달

달을 삼킨 그 여자 치렁거리며 따라오네, 치자는 하얗게 툭툭 꽃을 던지는 계절이네, 등 뒤에 붙은 바깥세상을 보았네, 세월의 빈 자루 왜 그렇게 끌고 가는 것인가 묻네, 돌아본 그녀 눈에 소금 사막이 출렁 펼쳐지네, 눈동자 속 그 길 가면서도 헤매고 있네

블랙 문

그림자 눕히며
진흙이 된 나그네

그을린 눈물 흘리며 돌아서는 달

사람들은 눈물을 끓이고
입안 가득 얼음을 털어 넣었지

날개 펼치며
사라지는 사건들 있었지

낮게 날아다니는
某 年 某 月 母 日

주천강

화병 속으로 들어가
송곳 같은 발톱을 키웠지

창호지에 갇혔던 마른 꽃
살아 나
꽃잎으로 후드득 뿌려졌어

꺾이고 맞을수록
곁가지로 피어나는 꽃

호랑이 등줄기에
무늬가 생기곤 했지

향기마저
캄캄하게 저문 뒤
꽃을 사랑하게 되어버린

물고기 비늘 지나며

비린 소리로, 울었어

닦을수록 번지는
그 계절이 문지방을 넘어

희미해진 동백꽃으로
주천강 한 줄기 건넜지

제2부

붉게 번지던 소문

가물가물

한낮의 태양
그대 플러그에 꽂히면
과열하여 터져 버리거나

어두워 어두워져 그 빛
버드나무잎 물고 있을 거야

아버지, 아버지의 아버지가
고개 꼿꼿 세우고 숲에 들어

구름—나무—풀—바람
입술에 아뜩해지는 시절
물 그늘 스며버린

그 원시의 숲
높고 험한 산 다 넘을 거야

잉어 구렁이 한 몸,

육십갑자 돌고 그날의 달 만날 때

몸에 새겨진 뱀의 지도
윤슬에 희미해질 때

잊혀질까

가끔은 물 위로 튀어 올라
바라보는 숲

아버지의 아버지가 걷던

한밤의 물방울

귓속으로 흘러드는
물방울에 밀려

지중해 연안으로
스미어 볼까

베개에 출렁이는 모히토

헛소리 말라고,
머리채를 낚아채는
바다의 신음

해변에 발자국 흘리며
몸이 길어 올리는 길

가다 보면
어딘가 닿으리란 걸

축축해진 귓불
그 위를 건너고 있어

제 그림자를 모래 속에 묻고
토닥토닥,

쉼 없이 걸어가는 물

베로니카의 진주

펄이 반짝이는 휴지 속
꽁꽁 뭉쳐진 비밀을 열었어요

애인들은 겁내지 않았죠

하루에도 몇 번씩
남겨둔 무덤과 발자국을 지우는
해변 오고 갔죠

누군가 죽는 아침은
누군가 태어나는 아침이기도 하죠

애인은 지금
줄담배 연기 스모그에 쌓였죠

공처럼 속을 비웠죠
점점 가벼워졌죠

잘 웃고 잘 떠들고 잘 울고

애인은 햇빛처럼
여기저기 날아다녔죠

가슴 속
깊은 우물이 말했죠

상처에 떨어지는 비밀을
얘기한 적 있나요?

태백선 2

눈이 올라나, 비가 올라나*
검은 구름이 모여든다

어린 소나무
밤새 머리를 풀어
헹구어 보는 강변이 어두워진다

명사십리 해당화는 왜 피며**
모춘 삼월 두견새는 왜 울어***

허물어지는 흙 돌담 틈
자라나는 집집의 그늘

조용히 떠난
바람의 아들 돌아올까

물은 언제나 흘러가고
강은 그대로인데

*, **, *** 정선 아리랑의 구절.

수국

흰 밥이 젖었어요

귀에는 아이들의 노래
라디오를 타고 비가 내렸어요

젓가락이 다 녹았는데

열리지 않는 서랍은 가만두기로 하고
마지막 꽃송이를 떨어트렸어요

가려움은 아물지 못하는 상처 때문

구름이 모여들어 꽃대 위에 앉았어요

수없이 계단을 오르내리는 일상만큼
그녀는 수국에 비를 뿌려요

공기에 수북이 쌀밥을 담아

아이에게 보내던 그 꽃송이

빗방울 날개를 단 나비만 내려앉아요

주파수 벗어난, 라디오 들으며
반쯤 열린 서랍에 누웠어요

고해소

새가
입속의
검은 말을 솎아 내듯 울었어

보이지 않았지
그 소리 따라가면

발자국이 사라지는 밭고랑에서
그 새는
종종 걷고 춤추고
잠시 멈추기도 했어

한 뼘 자란 옥수수잎이
남은 흙을 쓰다듬었지

아무도 모르는 곤한 시간
숨을 내려놓고 위로 오르던 영혼

'바쁘다면서 어떻게 왔니?'

오랫동안 향기롭던 말이
찔레꽃으로 흐드러지고 있어

바다극장

연극은 짠맛이 났다

파도가 접혔다 펼쳐질 때마다
피아노 선율이

많은 모래를 토하는
조난자의 자리에 앉는다

물고기마다
저린 지느러미로
마침표 찍어낸
대본을 놓고 가는 해안선

바다가 건너편으로
갈 때마다
붉게 번지던 소문

항구는 커튼을 펄럭이며
무대를 닫고

날마다 물을 주어도

1.

외로운 얼굴,
잎잎 피우던 붉은 잎, 술 떨어지네

들숨 날숨 춤추듯 거기 머물고 싶었네

꽃이 떠난 자리를 어항으로 바꾸네

2.

블랙테트라, 부레옥잠, 개구리밥
번식이 나를 채운다

꼬리로 언어를 짓는 물고기

짧은 흡입 아편 같은 혼곤

나의 자궁에도 부레옥잠화 진다

3.

물고기
한 마리
또 한 마리
줄어든다

시체를 뜯어먹으며 유영하던 물살이
슬금슬금 등으로 기어오른다

그는 비틀리는 웃음을 흘릴 것이다

비늘을 떼고 바라보던 눈

4.

블랙테트라와 어미를 갉아 먹은
다슬기

그녀를 지난 곳마다 주름이 깊다
묻어 두었던 물속에서
선잠 든다

검은 말
— 체 게바라에게

달려가는 트럭 위에서 갈기가 펄럭였어
검은 말이 초원을 두두두두두,
커튼을 걷으며 말했어
달려봐

불붙은 계기바늘
갇힌 바람, 갇힌 구름
갇힌 들판이 헐떡였어
순식간에 태양을 삼키는 어둠이
갈기 뒤로 사라졌어

대지가 길을 열었어
호흡 깊은 나무들은 춤추고
발굽마다 선홍빛 꽃이 피어났어
눈물 계곡은 말의 늑골에 입 맞추었어
당신이 구겨 버렸던 하늘
말끔하게 펼쳐지고 있었어

상처는 아물지 않는다

신음이
울퉁불퉁 박힌
나무들

휘청거리는 보름달—거리마다 투명한 사람들—전봇대가 쓰러지고 하늘이 펄럭였지—붉은 물에 땅이 녹았네—달은 집을 짓지 않네—꽃 피지 않네—새도 찾아오지 않았네—연두 잎이 시들던 계절

장미를 먹는 일

가시를 먹는 거였어

입술에서는
줄장미가 활짝

꽃잎을 씹으면서

빨갛게 올라온 독을
콕콕콕,
몸속에 숨겨놓았어

가시로 몸을 둘러싸고

얼룩진 시간은
주름과 함께
수 놓았어

새콤 쌉싸름

삼킨 가시가

몸과 함께 녹아내렸어

날것 2

태양이 얼어붙고 달이 녹는 곳

카라비타해*,
혹등고래**는
움직이지 않으면 가라앉아 죽어간다지
그 울음

― 지나는 사람마다 아름다운 노래라 하였다 ―

한고비 넘어
사라진 길마다
토해 놓는 숨결

― 사람들은 파도라 일컬었다 ―

물방울로 부서지면서도
어미 혹등고래처럼
피해 갈 수 없는 알류샨 열도***

나와 내가 만나는 심해

눈을 멀게 하라
나로 살기 위하여 나를 죽이리라

* 일본 남태평양 쪽 바다(혹등고래가 새끼 고래를 낳아 5개월간 굶으며 키우는 곳).
** 귀가 있고 사람의 눈과 같은 수정구 조직이 있으며 포유류만이 있는 젖니 혀가 있다.
*** 러시아의 시베리아와 미국의 알래스카 사이, 베링해 남쪽에 있는 열도.

바다가 끓인 안주

바다 사내들
뻐근한 허벅지에
욕지거리 부글부글 끓어낸다
여기 소주는 오장을 녹인다

벽지에 깃든 얼룩무늬
서로의 얼굴 보며 키득거릴 때
파도가 엿보곤 한다

비린내 묻은 손으로
기둥을 부여잡고 털어낸 바람
오 남매 원 없이 가르치고 나니
남은 건 한숨뿐이라나

냉장고 코골이 소리만큼
소주 맛도 허름한 포장마차
주인네가 웃으면
쌓여 있던 외로움, 우르르

쏟아지는 소리 같아서

바다를 끓여낸 냄비는
건배에 또 멀리 떠난다
맵고 짜고 시린
수평선의 맛이 있다

숲과 공원과 밤

나무 그늘 아래로

언어의 어둠이 쏟아진다

쇠기러기처럼 지나간 구름

어둠을 받쳐 든 한 아이가 노래를 부른다

밤바람이 바이올린을 켜며

修理 숲으로 사라지고

도심은 더 깊어

찰칵찰칵 가로수가 몸을 여닫는다

꽃피고 여물고 번져

한 계절이 되는 소리

등을 맑게 닦아 발아래 둔다

왼쪽 어깨의 기록

관절에 소금이 쌓였다

언제부턴가
어깨 원이 삐걱거린다
마네킹처럼

녹이 피워낸 꽃
뚜걱뚜걱 골목을 꺾어낸다

하늘의 무게들과
함께 굽혀지는

양수의 바다에서 나와
온몸이 소금에 절었다

눈물과 땀을
맛본 사람만이
이 기록을 읽을 수 있다

제3부

그대에게 닿을 때까지

협곡 2

무덤가에 책이 펼쳐져 있었네

자작나무 숲 바람 차오를 때까지
문장들은 밤길을 걸어 다녔네

나뭇가지에 기대어
곤줄박이 동박새가 문장을 읽었네

꽃들은 마침표도 없이 뚝뚝 떨어졌네
목에, 입술에 소리 닿기 전이었네

안개 같은 이야기 사라져
나무에 새겨진 점자 더듬으며
벼랑 앞에 도착했네

몸에 쌓이는
날개 같은 활자들
행간을 잘 건너갈 수 있을까

아흐렛날

진혼의 페이지에 들어가

귀 막고 눈 감고 머리 풀었네

서서히 차가워지는 나무처럼

밤을 앓았네

마지막 구절은 숲속에 던져 놓고

지울 수 없는 그대만 읊조렸네

풍경

내게로 오는

한 잎씩 내밀던 마음

멀어져가는 풍경

여백이
두려운 나날

여름은 우기로 오고
언어는 기호로 숨고

있던 일은
사라지지 않는다

여백

풍경이 풍경을 다한 후

옷자락에 닿는 목소리

누군가 어깨를 스쳐
그럴 리가 없다, 하다가도
몸이 먼저 그대를 안다

기대던 등 언저리
구름처럼 뭉치는 통증

누구를 기다리다 숲이 되었나

어둠만 한 약이 없다는 듯
모든 풍경을 지운다

그대의 여백
늪을 지나는 중이다

헤매는 정어리

물 능선마다 부딪히는
가시 뼈

오도 가도 못하고
정강이에 머문 신경통
어깨엔 딱딱 돌덩이가 자란다

모래알처럼 흩어지는 손가락
손등에는 저승꽃이 자라네

푸른 카펫이 깔려 있어
허리를 깊숙이 물어 버리네

미궁으로 사라진
길, 그 끝엔
마라도 절벽

머리 내려놓고 팔 벌리고

마디마디 파도치는 바다여
나를 낚아다오, 비네

돌아갈 길 잃었네

풍혈대*

만물 형상 뭉쳐 쌓은
바위

벼랑 난간에 몸을 둔
노송 가지

몸살 난 울음
여울목에 풀어놓는
낙동강

구름이나 되려고
걷던 유랑 길

피할 수 없어
바람마저 품는 풍혈대

우는 구름
천 길 바윗돌

세기를 지나

여기 왔다 하는데

누구는 신선이 되었다, 하고

누구는 가야산 해인사 지천 떠도는 구름이 되었다, 하고

한번 들면 다시는 안 돌아오리**

그의 행방은 지금도 구도 중

---

* 최치원 선생이 894년 신라 진성여왕에게 10여 조를 상소하고 떠돌다 칩거하던 곳.
** 최치원 선생의 入山詩 중 한 행.

적토의 나라

1.

노을 속 맨발의 소년은
물소 떼를 몰고 가네
튀어 오르는 흙먼지
소년의 종아리에 물드네

2.

녹슨 못,
집집이 총을 들고 나무를 쏘았네
비에 섞여 길은 흐르네

사람이 사람을 낳고
사람이 사람을 멸하고

변성기 소녀의 눈은
안개에 갇히네

깨진 안경 유리가
눈동자 안을 뒹구네

3.

혁명이 왔다 갔던가
나무들 모두 사지를 떠네
물소의 주름
하늘의 핏물
묵묵히 흐르는 황하

4.

울부짖는 대지
나무들이 숨은 숲
적토의 나라가
쪼그려 앉아
긴 안개를 엮네

뭐라도 할 수 있나

잡히지 않는 것들
놓기로 한다
눈먼 고양이 한 마리
사막으로 간다

마리아 칼라스* 음률
모래가 그려 놓은 악보엔
사라진 노래뿐

수 세기 전에 살았다는
물고기 쫓아
터벅터벅 이곳에 왔나
신기루가 된 비단길

방울 달아
방향을 점치려 한 사람
목만 남기고
사막이 되어버린 고양이

울지 않는다

밤은
다가왔다, 사라지고

* 20세기를 대표하는 소프라노 중 한 명으로, 오페라 최고의 디바, 프리마 돈나를 논할 때 떠올릴 만한 인물이다.

왜가리

영혼을 등에 싣고
피안으로 가고 있어요

왜,
왜 가는 건데

수화기를 들고 그 목소릴 찾았지요
입 벌리고 있는 어둠
소리가 사라진 말을 그때 알았어요

한번 잃으면
멀리 날아가면

왜
돌아보게 되는 걸까요

부리 가는 쪽으로
그리움이 지고 있어요

절뚝이는 가슴을 짚어 봐요

도라지

고인 물까지
퍼 올려
나뭇가지 눈이 번지네

능선을 물들이고
그대 눈에 닿을 때까지

심장을 깁고 기워도
흘러나오는 노래

물방울 방울
맺힌 보랏빛
꽃이 웃네

몰랐네
봄과 섞여 흐를 줄은

빈손

먼지만 자유로웠다

국물이 아래서 위로,
위에서 아래로 오른다

괜찮다
썩는 것
문드러지는 것,
발자국을 먹고 피는 민들레

동시 개봉 영화처럼
연인들이 복사되어 피고 지고

귀밑에 남은 네 목소리
문득 다가올 것 같았지만

텔레비전에선 무한도전만 이어졌다

갇혔다, 그대 떠난 집에

명치에 고이는 물

나무들이 물로 내려왔다

옹이 박힌 이야기가 호수에
고이는 동안

저녁을 짚고 걸었다

상처들 이어 별자리가 된
그의 안부가 궁금하다

물속으로 걸어간 그는
얼고 녹기를 수차례

물의 관을 지고
깊은 곳으로 가라앉았을까

물음은 철새들이 건져 간다

얼음장 아래 숨은 길
그가 천천히 걸어 내려간

비 내리는 연극

몰려다니는 구름
깨진 슬레이트 처마 밑에서
번져 가는 머리카락
아침 뉴스가 후드득 내리면
빗속을 뛰고 싶은 발

호프집이 있고 무도학원이 있고 여관이 있고 비는 내리고, 피자 가게가 있고 닭국수 집이 있고 속옷 가게가 있고 정육점이 있고 비는 내리고, 한 건물 건너 빨간 십자가, 정액 비린내와 비 비린내 피비린내는 거리에 퍼지고, 유난히 검고 윤기가 나는 비가 내리고, 광대뼈, 꽃잎 같은 입술, 하얗게 웃는 여자, 보조개가 파인 비는 내리고, 출렁이는 등이 다 젖고, 정사를 마친 남자가 새로운 애인과 과거의 애인 사이에서 생각에 골똘할 때 비는 내리고, 남자를 놓지 못하는 여자가 목을 조르듯 비는 내리고, 애증으로 비는 내리고, 굳어가는 몸을 애무하며 비는 내리고, 긴 머리를 밀어 비는 내리고,

색채 없는 그림을 들고

여자가 나온다

비 젖은 골목으로 지도를 그리며 멀어진다

비는 내리고

그는 달을 굴린다

아버지가
달을 타고 다가온다

감자와 파와 롤 화장지가
바큇살에 매달려 온다

달이 노랗게 익는다
측백나무 숲 내리막길을 달린다

차가운 흙과 얼음과
아버지 얼굴이 동그랗다

달의 바퀴를 굴리며
그는 점점 자취를 감춘다

연꽃마을

연잎 한 장이
연못 그늘을 펼친다

이상도 해 이상도 해

폭우에도 찢기지 않고
태양에도 타지 않았어

잎맥마다 기원이 깃든 것일까

심장이 쿵쿵 못을 건넌다
둥둥둥 연잎 위에 눕는다

한여름 오후가

시든 혀

언어 속에 들어서면
벽에서 자란 무늬 같아

혀가 맨드라미로 자라나
무성한 꽃밭을 이루지

오히려 캄캄하고 아득해지는
그곳에서 외투를 벗곤 하지

흔들흔들 날름거리며
말을 삼키는 맨드라미

밤마다 흘려보낸
숨결이
돋아나, 내 혀에도 자랐나?

무릎에도 꽃밭
손등에도 시든 꽃밭

혀에는 침묵하는 꽃밭

물속의 둥근 집

물속에 들어서야
집이 보였지

출렁이는 대문을 열어주는 손

어머니는
말하는 것과 듣는 것을
둥글게 말아 달을 빚었지

차고 이울고 다시 환해지고

물 가장자리에 앉은 어머니

눈썹이 어둡기 전에
담벼락
달맞이꽃 가득 피었지

더 크게 번지는 동그라미로

환해질 때까지

연못이 되고, 늪이 되고
달 그림 화석이 되고

제4부
조용히 돌아서는 일

불화不和

1.

가까워지면
멀어지기도 하는 거리
물 발자국 들여다보며
다리가 삭아 내린다

얼음송곳으로 자란 네 목소리
낭떠러지 깊숙이
박힌 메아리 찾아

어떻게 살아가라
바다는 또 오늘을 굴린다

2.

부서진 파도는
아가미만 뻐끔거린다

너울너울 멀어지는 수평선

해 지는 바다

바다가
붉은 옷을 갈아입을 때
그 속으로 천천히 걸어간다
저무는 저녁
등에 남은 햇살이 뒤척인다

햇빛이 걸어간 길을 비리게 읽는 거—바다 그림자 입안으로 밀려오는 거—멍울이 되어버린 물고기

둥근 바다는 구겨져 어둡고—가시 그늘만 해변에 깔렸어—무럭무럭 자라는 지느러미—우산을 접었다 펴면 내리던 먹구름—간밤에 누운 이불을 살짝 걷고 그 속을 들여다봐—발등을 까맣게 칠하겠어

등 뒤에 놓은 얼룩

고양이가 봉투를 찢는다
버려진 여자와 양산이 포개져 있는

그대 등으로부터 얼룩은 시작된다

밤바람이 망설이다 그냥 지나간다

생각이 고개를 내려놓는다
한번 든 생각이 오래 멀뚱거린다

면역력이 떨어져 더 치명적이다

버리고 놓친 아이가 앉아
모래 심장을 다독인다

어둠에 놓은 얼룩
등 뒤에 와서 쌓인다

詩 짓는 여자

잠든 사과 한 알
저벅거리는 얼음

기억 저편에서 굴러왔지
밤새 촛불 아래서 일렁였지

글자를 쏟아낸 뒤
손은 자라지 않네

지도가 지문 속에서 길을 잃었네

따끈한 손은 누구와 악수 중일까
골무를 끼고도 시려, 시려

저편에서 이름 불릴 때
한 겹 미련 없이
떠날 수 있기를

그림자를 덮고
잠든 사과 한 알
깨어나니

저체온에 갇히는 밤
얼음만 헤집는 손

바다를 묻은 도시

한남대교를 달리는데
바다가 넘실대며 따라붙었다

도로를 향해
끌려온 소나무들이
쿵쿵댄다

트럭이 해변을 넘어설 때마다
모래가 도심에 날린다

갈매기 떼 울음
포장을 마친 익스프레스가
도심으로 간다

해송에게 물린 발목은
횡단보도를 건너가지 못하고

젊지도 늙지도 않은

유령 섬 하나

이 도시에서
피어났다 사라진다

천년염정*

출렁이는 여인 어깨의
땀방울이 피워낸 꽃

돌아가지 못한 바다를 향해
목을 돌린 꽃

발굽 무딘 야크는
첩첩 돌의 골짜기
고도의 산 넘어, 너머로 가네

장대비와 우박이 뒤섞이는 곳
가자고, 가야 한다고 재촉하네

오르막 내리막
바람의 종착역에 닿아야만
보리를 구할 수 있네

도도히 흐르는 난창 강은 어디로 흘러가는 걸까**

강은 물을 비워야 바다로 갈 수 있다네

도화염 긁으며
태양으로 피고 지는 여인에게
금닭과 은닭이 남겨준 건 소금물뿐이었네

* KBS 다큐, 차마고도 제4부.
** 옌징의 전래 민요 변용.

협곡 1

늑골까지 주저앉히는
협곡, 안개 속의 길
걸어오라, 걸어오라 하네

사는 일 별것 없어
태어나기 전부터
지구는 돌아갔고
견우와 직녀는 만났고
죽은 후에도
마찬가지라 하네

말의 문 못 찾아 시달리던 밤
지문을 열고 손금 안으로 들어가 본 날

자, 어서 이리로
알몸에 수의를 입고
맨발로 걸으라 하네

심장도 썩, 베어내

모두 비우고

흔적 없이 가라 하네

직녀의 뜰

왕벚나무 밑바닥
서로를 포개면서 떨어지네

희끗한 머리카락 쓸어 줄
위로도 없이
벌거벗은 나무

너 안을 팔은 잘리고
내 눈에 고여 온 것 알아버렸지

몸을 찢고 나온
꽃,
무성한 은하에 들었을 때

너는,
넘을 수 없는 세계로
떨어진 뒤였네

틈

야산에서 얻은
알밤 한 톨

나무들의 비밀
들릴까
접시 위에 놓는다

벌레가 기어간 흔적
짐작하기도 어려운 나무의 비밀

단단한 손가락으로
밤의 틈을
들어 올린다

빨래를 널다, 문득

아, 구려!
엄마 꼭 이렇게 살아야겠어?

한밤을 걸치고
밀린 빨래를 한다

구린 년이 해준 밥 먹고
이십 년을 넘게 살아온
구린 딸년아

구르고 구르며
먼지 묻은 시간도
세탁기에 넣는다

콸콸 물소리에
구린 가슴을 쓸어내는데

양말 한 짝이 또, 없다

몇 번씩 잃어버린 시간은

어디로 가는 것일까

입파도* 가는 길

강을 버리고
바다가 된 길

숭어들 뻐끔거리고
끊어질 듯 이어진 입파도

해송 뒤로
또 다른 바다가 출렁였어요

조개껍질 유성으로 흐르고—낚시꾼의 멈춘 시간을 퍼담고 있어요—모두 심연을 건너온 바닷고기가 되었어요—파도엔 등지느러미가 박혀 있었어요—헤엄쳐 나갈 수 있는 부레를 달게 되었어요—영혼이 흐르는 바다

온몸 바람구멍이 뚫렸을 때—보름달 뜬 입파도에 가 보세요—등뼈가 촉촉해져요—핏방울이 솟아나는 심장—서늘한 물길이 쓸어내리면 당신의 등에도 지느러미가 솟을 거예요

입파도 가는 길 아시나요?

* '들어온 파도가 섬이 되다'는 뜻의 이름을 지닌 곳.

달맞이

　두부콩을 맷돌에―한 바퀴 돌릴 때마다 갈려 나오는 달빛―꽃송이 송이들 길가에 마중 나와 있네―꽃 속에 들어가 몸을 웅크리네―어머니가 피었다가 사라지고―돌돌 말아 두었다가 밤이면 펼치는 꽃잎―달빛을 치마폭에 받았네―노랑나비와 한바탕 춤추고 싶다고

　꽃등을 켜 들고 길가에 와 있네

미로찾기

가만가만
눈길로 따라가는
산의 선

눈 내린 새벽
아픈 비둘기는
못 박힌 발로
언덕을 넘어갔네

남은 말
눈 위에 남기며
심장은 숲을 향해 두근거렸나

무거운 날개는
능선에 걸어 두고

발자국마다
붉게 고인
구구구

살구씨 오일 함유

염색약을 들고 갔네
어머니의
구 할이 넘는 흰머리

어느 때부터인가
지워지지 않는 발자국

지천명 나이에서도
허약한 딸에게
세상
착하고 독하게 살라 했네

너도, 염색을 해야겠구나

불 내린 어둠 속에서
어머니의 젖은 눈이 보네

살구 꽃망울 숨소리

터지는 밤을 지났네

그 시간 찾아갈 수 없네

녹슨 못

빈 뼛속을 헤매다
달려간 곳

잘 보내드려야 가신 분도 편하다

옷 주름 사이에 스민
그녀의 웃음과 한숨을 듣는다

홀로 배운 글자,
꾹꾹 눌러쓰고 지우고 다시 쓴

아냥시 마낭구……
내가 심업고 늘근다고 서러 마러라
오리 잠바도 터럭 구두도 일읍따
내는 내가 늘거 너들에게 더 모태주는 게 아숩따

탯줄에 감긴 묶음을 남긴 채
무엇이 그녀를 녹슬게 했나?

후회인 듯, 고백인 듯

벽지마다

번지는 꽃자리

주소

여러 번 머물다 흘러간 다음

안으로 들어와요

같이 젖어요,

하루를 기울여 문지방 베고 누우면

세상을 건너는 발목

저편에서 다가와요

지평선만 수없이 소묘하죠

그대 거기에 졸음을 깔아 놓으면

비릿한 햇볕 핥다가

컹컹 물어보는 겁니다

어디쯤인가요

양윤정의 시세계

낯선 틈을 발견하는 부정의 힘

박찬일

양윤정의 시세계

낯선 틈을 발견하는 부정의 힘

박찬일

(시인, 문학평론가)

1

많은 현대인이 우울장애를 겪는다. 상실에서부터 우울이 온다. 미래 박탈감에서 오고, 무엇보다 가까운 사람의 상실, '그 극대'의 상실에서 온다. 그리고 애도 실패에서 온다.

2

이별은 상실이다. 수많은 상실 중의 하나인 이별이다. "새로운 달을 잉태하"게 되면 문제없을까.

> 아니, 태양을 삼키면서 까맣게 타버리는 달에게―그대와 나도 모르게―어둠을 컹컹 짖으며 보내는 일은―생애 두 번 오지 않는 사건이다―아무렇지 않게 다시 길을 가는―그러고도 무사한 듯 새로운 달을 잉태하는
> ―「개기일식에 사라진 나는」 부분

"까맣게 타버린[타버리는] 달"이 상실의 극대다. 달은 천체다. 그 달이 사라졌다. 상실의 극한까지 온 자가 쓴 시구다. 페르소나와 시인을 동일시할 것까진 없다. 그러나 그런 것 같다. 그만한 상실이 아니고서야 이만하게 쓸 수 있을 것 같지 않다.

상실에서 쌍방향으로 일어나는 상실로서의 이별이다. 혹은, 사랑이 떠난 게 아니라, 불의의 사연 사건으로 사랑이 갑자기 중지됐을 때이다.

양윤정은 '개기일식에 사라진 나는' 하고 제목을 달았으나, 사라진 것은 '나'라고 하였으나, 마지막 연에서 보면 그게 아니었던 것. "그대와 나도 모르게―어둠을 컹컹 짖으며 보내는 일"이라고 했다. 쌍방향 사건이고, 쌍방향의 상실이 아닐 리 없다. "생애 두 번 다시 오지 않는 사건"이라 했다.

문제는 그다음이다. 소월의 「진달래꽃」의 보편성이 변주된다. '즈려밟고 가시옵소서', '죽어도 아니 눈물 흘리우리다'가

반복되었다. 가라! 했으나 사실은 가지 말라고 한 것. '아니 눈물 흘리우리다' 했으나 펑펑 우는 화자였던 것.「진달래꽃」의 반복은 그러므로 아이러니의 반복이다. 다른 것은「진달래꽃」의 이별 상실, 그것이 주는 극한의 비애가 한쪽에서만 있는 점이고 양윤정의「개기일식에 사라진 나는」에서는 비애가 양쪽에 있는 점이다.

아이러니는, "아무렇지 않게 다시 길을 가는—그러고도 무사한 듯 새로운 달을 잉태하는" 것에 대해서이다. 아무렇지도 않을 리가 없다. 서로 달 크기만 한 질량과 부피를 잃지 않았나? '무사'하다? 무사한 것 같지 않다. 당장 지구에 조석 간만의 차가 없어졌는데, 무사함을 말 그대로 받아들일 수 없다. '새로운 달의 잉태'가 아이러니의 극점이다.

그럼에도 새로 태어나는 달은 비극을 견디고 버티며 살아낼 수밖에 없는, 누군가의, 달이 된다.

3

자기를 찌르고라도

피고 싶어서

비화옥철화를 키워요

—「비린 태양이 뜨면」부분

사디즘으로서의 사랑을 느끼게 한다. 사랑의 절정은 마조히즘과 사디즘의 교합. 사도-마조히즘은 비수를 난자하는 쪽과 비수의 난자를 흔쾌히 받는 쪽에 관해서. 절대적 순종과 절대적 복종이 강조된다. 사제, 수도사 등이 절대 순종 및 복종의 뜻으로 신 앞에 부복할 때 쾌감의 호르몬 도파민이 생성된다.

명시名詩는 보편성을 딛고 태어나기 마련이다.「진달래꽃」의 반복인 것은「진달래꽃」화자가 '사뿐히 즈려밟고 가시옵소서'라고 했기 때문이다. 물론「진달래꽃」에서는 마조히즘이 먼저 드러나고, 그 뒤를 사디즘이 따른다―이렇게 해석할 수 있다. 예술작품은 '해석'을 통해 태어난다. 그럼으로써 존재의 위상을 갖는다.

「진달래꽃」은 마조히즘과 사디즘의 변증,「비린 태양이 뜨면」은 사디즘과 마조히즘의 변증, 이렇게 말할 수 있다. 사랑을 언행으로 표현할 때 그것이 사도마조히즘이다. 사랑은 그래서 죽음과 같은 거로 비유된다. 바타유는 그의『에로티즘』서문에서 에로티즘을 "죽음까지 파고드는 삶"이라고 했다. 에로티즘은 삶과 죽음이 교차하는 레퀴엠.

    검은 강물이 검은 동굴이
    제 뼈에도 새겨졌다고
    얼룩지는 아버지

구름처럼 사라졌다고

칡으로 엉켜 울지 마세요

산허리 길

칙칙 엎드리는 열차

소년의 무릎

유골 상자가 비스듬히 열리고

―「태백선 1」 부분

 상실은 보편적이다. 살면서 상실은 대개, 상식적으로 말하면, 조부모님 상실에 이은, 앞서거니 뒤서거니 부모님의 상실이다. 일반적 상실의 메커니즘에서 부모 상실은 영원한 상실로서, 반드시 '영원한 상처'로 작용하기 십상이다. 부모의 유골함은 가슴에 안치되어 있기 마련이다. 물론 차이가 있다. 충분히 애도 되었을 경우와 충분히 애도 되지 못했을 경우다. 강조: 애도 불가능성에 봉착했을 때 유골함이 살아 있는 자를. 덮어쓴다. 죽은 자로 살아간다. 많이들 그렇게 살아간다. 위의 시, 앞부분 다시 인용.

검은 강물이 검은 동굴이

제 뼈에도 새겨졌다고

얼룩지는 아버지

"검은" 색으로 기억되는 아버지는 애도 불가능성의 아버지다. 애도 불가능성으로 살아가는 "소년"이 애처롭다. 물론 행복한 소년이 있을 거다. 애도에 성공한 소년이 있을 거다. "검은 강물"과 "검은 동굴"이 아버지 "뼈"에 새겨졌고, 고스란히 소년에게도 새겨졌다. 멜랑콜리에 일찍 노출된 소년, 소년은 평생 멜랑콜리로 살아간다. 소년의 무릎에 놓인 유골함은 수시로 열리고, 소년을 가둘 것이다.

4

우울에서 벗어나는 일은 우울을 인정하고 들여다보는 일부터 시작된다. 많은 현대인, 특히 예술인들이 왜 우울장애를 겪는가?

소진(burn-out)은 (동력의 상실에 관해서이므로) 우울장애(depression)가 필연이고, 불안장애가 필연이다.

프로이트의 「멜랑콜리와 애도」의 용어로 말하면 신체 능력의 '극단적 빈곤(ausserordentliche Armut)'이다. 동력의 상실이 욕망의 상실이다.

생각이 고개를 내려놓는다

한번 든 생각이 오래 멀뚱거린다

　　　면역력이 떨어져 더 치명적이다
　　　　　　　　　―「등 뒤에 놓은 얼룩」 부분

"생각이 고개를 내려놓는다"는 오해의 여지가 있다. 시는 오해를 목표로 하기도 한다. 예술 행위에서 최상위 개념이 '낯설게하기(Verfremdungseffekt)'이다. 은유 직유 알레고리 상징 아이러니 역설 등의 비유가 '낯설게하기'에 대해서이다. 목표는 '이해의 어려움'이고, 목적은 '오해(의 여지)'이다. 오해는 생산적 오해이다. 오해의 여지는 새로운 해석을 부르기에 시를 입체적으로 읽게 한다.

　시 「등 뒤에 놓은 얼룩」에서 '내려 놓으라'는 불가의 그 방하착放下着이 아니다. 생각을 멈추는 일이 불가능하다, 이런 뜻이다. 화자는 "오래 멀뚱거린다".

　그다음 연이 압권이다.

　　　면역력이 떨어져 더 치명적이다

라고 했다.
　면역력은 버틸 힘, 살아갈 힘에 관해서이다. 버틸 힘, 살아갈 힘의 상실이다. 우울의 표상적 원인이 상실이기 때문이다.

5

[양윤정 시인은 상실의 대가다. 상실의 명수다. 상실의 명수는 상실에서 결과하는 것을 포함한다. 현대인은 긍정성의 과잉에 합류해 '상실'하고, 사적 공적 의미의 끝없는 비극에 합류해 '상실'한다]

자기 학대의 명수이다. 그렇지 않으면 장미의 "빨갛게 올라온 독"까지 삼킬 리가 없다.

가시를 먹는 거였어

입술에서는
줄장미가 활짝

꽃잎을 씹으면서

빨갛게 올라온 독을
콕콕콕,
몸속에 숨겨놓았어

양윤정의 「장미를 먹는 일」 부분이다. 이 시집에서 백미에 속한다. 긍정성의 과잉過剩은 "가시를 먹는" 일과 같다. "꽃잎을 씹"는 일은 부차적 일쯤 된다. 강조: 긍정성의 과잉이 '빨갛게 올라온 독'을 먹는 일로 표상되었다. 긍정성의 과잉은 자기 학대다.

화자는 "독을/ 콕콕콕,/ 몸속에 숨겨놓았어"라고 했다. 독을 품고 사는 인간들, 자기를 망치는 독-단지를 등에 이고, 품에 안고, 사는 현대인들에 대한 탁월한 알레고리다. 독과 증오와 분노, 혹은 자기 학대, 밖으로 독할 수가 없어서 자신이 독을 삼키는 것.

아이러니 중의 아이러니. 긍정성을 멈추게 하는 것은 부정성(Negativität)이다. 부정은 멈춤이고, 망설임이며 서성거리다 낯선 틈을 발견한다. 양윤정 시인은 긍정성 일변의 사회에서 '부정의 힘'을 요청하고 있다. 괄목할 만한 시인이다.

| 양윤정 |

충북 제천 출생. 중앙대학교 예술대학원 문예창작과정을 수료했으며, 2006년 『시사사』로 등단했다.

이메일 : 21yuang@hanmail.net

현대시 기획선 137
다만, 캄캄해지는

초판 인쇄 · 2025년 10월 20일
초판 발행 · 2025년 10월 25일
지은이 · 양윤정
펴낸이 · 이선희
펴낸곳 · 한국문연
서울 서대문구 증가로29길 12-27, 101호
출판등록 1988년 3월 3일 제3-188호
편집실 | 서울 서대문구 증가로31길 39, 202호
대표전화 302-2717 | 팩스 · 6442-6053
디지털 현대시 www.koreapoem.co.kr
이메일 koreapoem@hanmail.net

ⓒ 양윤정 2025
ISBN 978-89-6104-400-4 03810

값 13,000원

| 이 책은 한국예술인복지재단 출판지원금을 받았습니다. |

* 잘못된 책은 바꾸어 드립니다.